AF439018

DE LA
RÉVOLUTION
A FAIRE,

D'APRÈS L'EXPÉRIENCE
DES RÉVOLUTIONS AVORTÉES;

PAR DE POTTER,
BELGE.

Il faut, A TOUT PRIX ET AVANT TOUT,
améliorer le sort du peuple.

*

PRIX : 2 FRANCS.

*

PARIS.
LIBRAIRIE LADVOCAT,
PALAIS-ROYAL.

DÉCEMBRE 1831.

DE LA

RÉVOLUTION

AFAIRE.

IMPRIMERIE DE A. BARBIER,
RUE DES MARAIS S.-G., N. 17.

DE LA
RÉVOLUTION
A FAIRE,

D'APRÈS L'EXPÉRIENCE
DES RÉVOLUTIONS AVORTÉES;

PAR DE POTTER,
BELGE.

Il faut, A TOUT PRIX ET AVANT TOUT, améliorer le sort du peuple.

*

PRIX : 2 FRANCS.

*

PARIS.

LIBRAIRIE LADVOCAT,
PALAIS-ROYAL.

DÉCEMBRE 1831.

AVERTISSEMENT.

Le manuscrit que nous offrons au public venait d'être livré à l'impression lorsque la nouvelle des troubles de Lyon se répandit dans Paris.

Outre son importance réelle, il acquiert donc encore un intérêt d'à-propos et de circonstance.

Dans la crise sociale actuelle, l'écrit de M. De Potter sera considéré comme le manifeste et le programme de la révolution qui fermente sourdement dans toute l'Europe et qui ne tardera peut-être pas long-temps à éclater sur un point ou sur un autre.

L'Éditeur.

TABLE.

RÉVOLUTION

A FAIRE.

§ I.

Occasion de cet écrit et son but.

Les révolutions de 1830, comme celles qui les avaient précédées, n'ont rien laissé de positif après elles, puisqu'elles n'ont rien fait pour le bonheur du peuple.

Cherchons-y des leçons pour ne plus en faire d'aussi stériles; interrogeons-les, afin qu'aussi pauvres qu'auparavant en libertés vraies à l'usage de la véritable majorité des nations, nous soyions du moins plus riches en expérience : ce sera un progrès qui préparera des progrès prochains et plus réels.

Avant que de nouveaux événemens viennent

s'enter sur les événemens de cette année, nous avons à passer plusieurs mois d'inaction forcée, jusqu'à ce que le printemps ramène avec les beaux jours les intrigues des cabinets et peut-être les combats des nations. Ces mois d'hiver et de calme ne seront pas perdus pour la diplomatie : faisons de notre côté qu'ils ne le soient pas pour la liberté et le peuple; et, tandis que les puissances d'Europe machineront, toutes d'accord, pour nous brider et bâter comme de coutume, sans cependant nous faire tout-à-fait succomber sous le faix, chacune séparément, pour tondre *son troupeau* le plus près possible, en l'empêchant toutefois de crier trop haut, réfléchissons à part nous sur notre situation présente, résultat nécessaire de nos erreurs et de nos fautes passees : c'est le seul moyen de nous tromper moins grossièrement à l'avenir et de ne plus nous enfoncer si avant dans la boue où l'on nous a fait faire une halte.

Sachons une fois pour toutes et sachons bien ce qu'est et surtout ce que doit être une révolution; s'il en est de plus d'une espèce; quelle révolution offre des chances de succès et de durée; enfin ce qui seul peut faire réussir une révolution efficace, et en faire découler les conséquences voulues, de manière à rendre toute révolution ultérieure impossible, parce que toute révolution ultérieure sera inutile.

Car, et il est de la dernière importance de ne jamais perdre cette vérité de vue, de même qu'une révolution véritable, c'est-à-dire populaire ou sociale comme je l'expliquerai dans ces quelques pages, serait préférable à tout état politique et civil connu, et que pour l'opérer il n'est point de sacrifice qu'il ne faille faire, de même une révolution manquée est le pire des maux, et il est d'un bon citoyen de s'opposer par tous les moyens humains à ce que jamais il se fasse de fausses révolutions, ou qu'une fois commencée la révolution ne soit fourvoyée dans sa carrière.

Échouer en révolution est un malheur que l'on ne répare que difficilement et lentement; égarer une révolution est le plus grand des crimes; faire et consolider une vraie révolution sera l'œuvre de la divinité sur la terre.

Tout patriote, ami du peuple, doit donc ne pas cesser de prouver par ses actes qu'il préfère la durée des anciens abus, quelque intolérables d'ailleurs qu'ils soient, et au profit des anciens hommes que déjà l'opinion a flétris, à des abus nouveaux, fondés par des hommes nouveaux et pour leur seul avantage, au nom de la liberté et de l'humanité que ces hommes compromettent et salissent; mais aussi qu'il sera toujours prêt à remplir le plus saint de ses devoirs, celui de renverser les abus de tous les temps avec les hommes qui en vivent.

En effet, une révolution porte avec elle ses maux actuels; ses bienfaits ne sont qu'en promesses et en expectative. La perturbation seule de l'ordre établi, quand même elle devrait amener un changement en bien, est déjà et en attendant un mal réel : elle arrête d'emblée ce qui marchait avant elle, rompt les relations existantes, empêche momentanément qu'il ne s'en forme de nouvelles, relâche les liens sociaux, resserre les bourses, détruit la confiance et le crédit, tue l'industrie et le commerce, fait stater toute entreprise, redouble l'égoïsme des riches, ôte aux pauvres leurs ressources accoutumées, remplace l'ancien pouvoir et ses agens, qui du moins s'étaient déjà engraissés de la substance du peuple, par un pouvoir et des agens nouveaux, dont, avant de l'entretenir, il faut encore faire la fortune jusques et au-delà de la fortune de leurs devanciers.

Je le demande : quelle révolution, de celles dont nous avons connaissance, de celles que nous avons vues, a compensé par ses résultats tant et de si funestes calamités?

Qu'est-ce qui a payé au peuple le prix de ses sacrifices, lui qui n'avait plus rien à sacrifier si ce n'est son sang, et qui l'a versé pour appeler de plus insupportables malheurs sur sa tête?......

Ce ne sont pas les révolutions passées.

Y aura-t-il jamais une révolution qui ose répondre de le faire, qui s'engage à soulager le peuple et qui tienne parole?

Je le crois.

Comment devra-t-elle être conçue et dirigée?

C'est ce que je cherche à développer dans cet écrit.

La question populaire est la seule que j'aie l'intention, sinon de traiter à fond, du moins d'effleurer dans les réflexions que je soumets au public, afin que de plus habiles sondent après moi et mieux que je n'ai pu le faire, la plaie sociale qui ronge l'humanité.

Je serai fier d'avoir ouvert de si solennels débats.

J'avais voulu résoudre cette question au profit du peuple lors de l'occasion que m'en avait offerte la révolution de ma patrie ; mais je l'avoue franchement, je n'ai pas assez fait pour cela, et surtout je n'ai pas fait assez vite : aussi je n'ai point réussi. N'y a-t-il eu que de ma faute, ou sont-ce les événemens indépendans de ma volonté et les hommes qui m'entouraient qu'il faut en accuser plus que moi? c'est ce qu'il ne m'appartient pas de décider, et qui d'ailleurs n'importe guère.

Au reste, je ne fais ici allusion ni aux derniers événemens de la Belgique, ni à ceux de France, de Pologne ou d'Italie ; je considère la chose sous une seule face, celle de l'intérêt du peuple, des masses, de ce qu'on appelle *la classe inférieure*, c'est-à-dire les ouvriers dans les villes et les journaliers dans les campagnes, face la plus sérieuse et que bientôt tout le monde avouera être la seule sérieuse. Or, placé à ce point de vue, je ne pouvais juger les révolutions de 1830 que comme des essais tous également funestes, des tentatives toutes également avortées, pour réaliser un nouvel

état social vers lequel l'instinct, la nécessité,
la justice, l'humanité nous poussent vivement,
et où seulement nous trouverons la liberté, le
repos et le bonheur.

§ II.

Les Révolutions et le Peuple.

Depuis plus d'un an, nous avons vu les révolutions de France, de Belgique, de Pologne,
d'Italie; nous entrevoyons la possibilité d'une
révolution en Hongrie, en Suisse, en Espagne,
en Portugal. La révolution d'Angleterre se prépare.

Le produit net de ces différens efforts eu-
ropéens est la substitution, à Paris, des Bourbons de la branche cadette aux Bourbons de
la branche aînée, et la séparation politique de
la Belgique et de la Hollande..

Ailleurs des dynasties impopulaires pourront
s'écrouler dans la suite comme s'est écroulée
celle de France; ailleurs des étrangers rapaces
et insolens pourront être expulsés comme l'ont
été les Hollandais des provinces belges.

En Angleterre l'aristocratie et l'Église seront détrônées comme elles le furent en France en 89.

Mais dans tout cela qu'a gagné, que gagnera le peuple (j'entends par *peuple* la masse d'une nation, sa majorité, qu'on dit *souveraine* et qu'on traite en bête de somme, comme les Juifs appelaient Jésus *roi* au moment même où ils l'abreuvaient d'outrages et d'humiliations, et l'accablaient de mauvais traitemens)? qu'a, dis-je, gagné, et que gagnera le peuple?

Rien, absolument rien.

C'est de lui cependant qu'on a toujours voulu paraître s'occuper, à lui qu'on a feint de s'intéresser, parce qu'on avait besoin de l'intéresser à ce qu'on voulait et qu'on ne pouvait obtenir sans son aide.

C'est de lui qu'il faudra bien finir par s'occuper réellement et même exclusivement.

Et il serait bon de se hâter un peu : car le peuple commence à comprendre qu'il a des droits ; que jusqu'ici ils n'ont pas été reconnus ; que les hommes qui se vantaient le plus haut de les faire reconnaître étaient précisément ceux qui, ligués avec ses oppresseurs, devenaient finalement les plus dangereux ennemis de ces droits ; qu'il ne dépend que de lui de revendiquer ces droits, qui sont imprescriptibles, et d'en jouir.

Soyons de bonne foi : qu'importent au peuple le nom et le titre de celui qui règne; le lieu de naissance des percepteurs à qui il paie s'il a de quoi payer, et des gendarmes qui le traînent en prison s'il n'a rien; le rang et la qualité de ceux qui prétendent le représenter, le gouverner, l'exploiter?

Il n'est ni mieux logé, ni mieux vêtu, ni mieux nourri sous une dynastie que sous une autre, sous une branche que sous une autre branche : il n'en mange pas moins du mauvais pain, si tant est qu'il ait du pain à manger, pour que *son* roi ait une cour, des grands dignitaires, des grands officiers, des chevaux, des courtisans, des complaisans, des filles, et que tout cela vive dans le luxe, les festins, l'oisiveté, le vice, dans quelque pays d'ailleurs et quelque classe que ce soit né, étranger ou indigène, noble ou banquier, avocat ou prêtre; ou bien, ce qui est pis encore, pour que maîtres et valets thésaurisent, tandis que le peuple meurt de faim.

C'est cependant la question populaire, ou, pour m'exprimer plus exactement, la question sociale qui, sans qu'on s'en rende encore compte d'une manière bien claire, est près de dominer toutes les questions secondaires actuellement à l'ordre du jour. Tandis que les classes supérieures, comme elles s'intitulent avec un si sot orgueil, et ceux qui, parmi elles, s'appellent les hommes éclairés par excellence, hommes de science il est vrai, mais non de justice et d'humanité, se perdent dans les hautes spéculations politiques, constitutionnelles, financières, de guerre, d'administration, de police, un nouvel ordre de choses s'avance majestueusement, où la majorité des peuples demandera compte aux puissans et aux riches de la longue iniquité qui, avec leur position sociale, leur a assuré le monopole des lumières, du pouvoir et de toutes les jouissances de la vie, en les constituant les auteurs, les organes et les interprètes nés de la loi humaine, pour que cette loi garantît leurs priviléges et éternisât pour le peuple l'ignorance, la servitude et la misère.

§ III.

Révolutions politiques.

Les révolutions sont ou nationales et politiques, ou populaires et sociales.

Nationales, elles ont pour but l'indépendance à conquérir ou l'honneur à relever.

Populaires, elles se font pour la liberté, c'est-à-dire pour réaliser un état de choses où le peuple fera le plus possible ses affaires lui-même, et par conséquent les fera dans son intérêt, économiquement et de manière à augmenter indéfiniment son propre bien-être.

Une révolution politique, entreprise pour chasser l'étranger, est manquée si l'étranger demeure ou s'il revient, et si au pouvoir extérieur auquel on s'est soustrait succède un autre pouvoir, également hors de la nation qui avait prétendu établir son indépendance.

Faite pour renverser un maître dont on ne voulait plus parce que son joug était honteux, ou parce que, déjà renversé une fois, il était humiliant d'avoir été forcé de le replacer sur le trône, plus humiliant de l'y avoir replacé spontanément, une révolution politique n'a pas entièrement échoué quand on a changé de maître.

Elle n'a pas non plus entièrement réussi ; car il est impossible que le peuple qui s'est senti assez fort pour substituer au maître qu'il répudiait celui qu'il désignait pour le remplacer, ne nourrisse déjà l'idée de se passer un jour tout-à-fait de maître.

Les révolutions politiques sont les plus faciles à faire : la hardiesse d'un coup de main en prépare le succès ; du courage et de la persévérance l'assurent. Le peuple qui ne veut encore qu'un gouvernement indigène et un chef de son choix, veut peu de chose ; et, dès qu'il est unanime et constant à le vouloir, il l'obtient sans peine.

Mais il est rare qu'il s'arrête là. Il ne tarde guère à comprendre que, pour être tenue par les siens, sa chaîne n'en est pas plus légère, et dès-lors il songe à se débarrasser d'un poids qu'il ne porte plus que volontairement.

Aussi toute révolution politique est-elle nécessairement l'indice des révolutions sociales ou populaires qui vont suivre, jusqu'à ce que l'une d'elles fasse atteindre le but que le peuple, qui demande une réforme, ne peut pas manquer de poser finalement à ses efforts.

Ce que je viens de dire s'applique à plus forte raison aux révolutions par lesquelles on se propose de changer la forme du gouvernement. Ce changement opéré, et les franchises demandées ayant été obtenues, le peuple s'aperçoit qu'il n'a conquis la liberté qu'au profit des classes immédiatement au-dessus de lui. L'émancipation s'est approchée de lui, mais il n'en jouit pas. Il est encore opprimé, quoiqu'il touche la liberté du doigt : il ne tardera pas à la saisir, afin qu'elle réalise, pour lui cette fois, ce qu'il attend d'elle.

§ IV.

Révolution sociale

Faire une révolution sociale, ce n'est pas, comme on a paru le croire jusqu'ici, ou du moins comme on a tout fait pour le faire croire, ce n'est pas substituer un individu à un autre individu, une famille, une caste à une autre famille et à une autre caste: ce n'est pas changer un pouvoir de mains ou de dénomination, une institution de forme ; donner de nouveaux noms à d'anciennes choses et d'anciennes places à des hommes nouveaux; ne répudier des iniquités d'autrefois que le courage de les commettre à découvert: ce n'est pas appeler *réforme* ce qui n'est que l'intervertissement et le déguisement hypocrite des abus qu'il fallait détruire, *règne de la liberté* l'esclavage sous d'autres maîtres; et puis chanter victoire pour la régénération nationale, et proclamer que l'ordre est rétabli, l'abîme des révolutions comblé.

Faire une révolution sociale, c'est réformer la société dans l'intérêt du peuple, de manière à ce que le peuple puisse par la suite maintenir cette réforme par lui-même et pour lui.

Voilà la loi fondamentale comme la condition *sine quâ non* d'une révolution réelle et durable.

N'oublions jamais qu'une révolution sociale ou populaire doit se faire pour le peuple avant tout, c'est-à-dire pour la masse de la nation, et que, par conséquent, là où le peuple ne profite pas des changemens, la révolution est nulle et comme non avenue.

Partout où, après une révolution dont les auteurs ou les meneurs avaient affiché la prétention de popularité, le peuple n'est pas mieux qu'auparavant, c'est-à-dire où il ne possède pas davantage ou ne paie pas moins, en un mot où il n'a pas réellement et matériellement gagné quelque chose, la révolution est manquée complètement : c'est à recommencer.

Quel est le but d'une révolution? la liberté. Mais la liberté est-elle son but à elle-même? non; elle est le moyen d'augmenter le bien-être social : on ne vit pas heureux par cela seul qu'on vit libre; il faut encore et préalablement de toute autre chose, des conditions matérielles de bonheur. Ces conditions données, c'est par la liberté qu'on jouit de ce bonheur et qu'on s'en garantit la jouissance. La liberté fait conserver aux classes moyennes l'aisance qu'elles possèdent et à laquelle elles ont droit : la liberté doit surtout servir à la classe inférieure à acquérir cette aisance à laquelle elle a un droit égal et qu'elle conservera ensuite de même. C'est au moyen de la liberté, lorsqu'elle aura fait descendre le bien-être dans la dernière classe de la société, que la civilisation, c'est-à-dire le perfectionnement intellectuel et moral, pénétrera dans tous les canaux du corps social et jusqu'à ses moindres extrémités, afin que partout les lumières et la vertu soient sous la sauve-garde du bonheur, et que le bonheur soit garanti par les lumières et par la vertu.

De même donc que la liberté doit être le résultat immédiat de la révolution, l'amélioration du sort du peuple doit être le résultat immédiat de la liberté que la révolution a produite.

Quand le peuple tarde trop long-temps à ressentir les bienfaits de la liberté, il perd toute foi dans la liberté, et répudie finalement la révolution qui n'a pas su ou n'a pas voulu lui tenir parole.

Vous prétendez que la nation est libre; je veux bien le croire. En effet, on peut tout publier, tout enseigner; on peut s'associer et s'assembler sans contrôle; les intérêts de la nation sont gérés par un nombre infiniment plus grand de citoyens qu'auparavant; la nation elle-même choisit ceux qui se disent ses mandataires sur une échelle incomparablement plus large que par le passé; elle nommera même les administrateurs de ses provinces et de ses communes. Mais le peuple, qui n'écrit ni n'endoctrine; qui n'a point de droits sociaux à défendre puisque la société ne lui a jamais accordé de droits;

lui qui n'a ni le temps, ni les lumières, ni les moyens de fortune nécessaires pour faire ses affaires lui-même et directement, et qui ne s'imagine même pas que la chose publique le regarde aussi pour sa petite part; lui enfin qui doit toujours travailler s'il veut vivre, et qui ne trouve pas toujours à travailler, qu'aura-t-il jamais de commun avec votre liberté, à laquelle cependant sans lui vous ne seriez pas parvenu, si vous ne la faites servir tout d'abord à le rendre plus heureux, plus éclairé et meilleur?

§ V.

Des Intérêts matériels et des Intérêts moraux.

C'est ici le cas d'examiner la fameuse distinction entre les intérêts moraux et les intérêts matériels de l'homme.

Elle peut aider à la discussion, mais dans le fond elle est illusoire. Tout intérêt matériel a son côté moral, comme tout intérêt moral se matérialise dans un sens ou dans un autre.

Par exemple, blesser le peuple dans ses intérêts matériels n'est-ce pas enfreindre le plus saint devoir de la morale humaine? Qu'y a-t-il

en effet de plus injuste, outre que c'est impo-
litique et dangereux au plus haut degré, que
de retenir, que de laisser même la classe inférieure dans la misère, que de ne se servir de
l'influence et de la force qu'elle confie au pouvoir pour qu'il la soulage, que de manière à
faire sans cesse peser plus durement et plus ir-
révocablement sur le peuple le poids des charges de la société qui lui refuse le moindre de
ses bénéfices? Quoi de plus immoral que de
perpétuer les vices du peuple par son ignorance, son ignorance à l'aide de ses besoins
toujours renaissans et jamais satisfaits?

D'autre part, cette liberté de la parole et de
la presse, celle de s'entendre sur des intérêts
communs et de se coaliser pour les soutenir,
dont se vantent les classes élevées et libérales,
en quoi se résolvent-elles en définitive pour
ceux qui les exploitent exclusivement? en un
pouvoir bien réel, dans les richesses qui en
découlent, et dans la certitude de ne voir jamais
tarir ces deux sources assurément fort matérielles de bonheur.

Si donc je consens à séparer dans les termes
le bien-être physique des intérêts moraux du
citoyen, ce n'est qu'après avoir clairement dé-

claré et hautement protesté que je les regarde comme inséparables dans le fait ; que je crois que la liberté n'a point de garantie là où le dénuement afflige la masse des membres de la société, de même que j'avoue volontiers que le bien-être matériel de cette masse ne serait qu'accidentel et précaire s'il n'était protégé par la liberté la plus effective et la plus inébranlable.

D'après cette profession de foi, il est inutile d'ajouter que les intérêts positifs dont je recommande, avant toute autre chose, le soin le plus sérieux à l'homme chargé de la noble mission de diriger une révolution et qui se sent le courage de la mener à bonne fin, ne sont aucunement la prospérité dite *publique* que les industriels exclusifs ont, dans les derniers temps, cherché à faire prévaloir sur les intérêts les plus grands et les plus purs de l'humanité, ceux de la dignité humaine et de la liberté religieuse, politique et civile.

Ces intérêts matériels, non plus de l'homme ou du peuple, mais prétenduement des nations, tels que les industriels les ont faits, sont essentiellement et directement opposés aux intérêts moraux.

Dans ce sens, esprit mercantile et industria-
lisme sont synonymes de servilisme.

On n'a pas rougi de dire au pouvoir : « Vio-
« lentez, si vous le trouvez bon, les esprits et
« les consciences, pourvu que vous fassiez mar-
« cher nos fabriques; monopolisez la presse et
« l'enseignement, mais ouvrez des débouchés
« à notre commerce. »

C'est-à-dire, enchaînez, abrutissez, avilissez
la nation, mais laissez-nous ajouter des trésors
à nos richesses, permettez que, jouissant déjà
de la plus grosse part du bien-être social,
nous l'accaparions bientôt tout entier.

Certes, la prospérité du commerce et de l'industrie, si essentielle dans l'état actuel des
choses à la véritable prospérité nationale, est
excellente en elle-même, puisque les classes
inférieures y participent, qu'elle leur procure
du travail et par le travail les moyens d'existence. Mais jamais la liberté, l'indépendance,
l'honneur d'une nation ne doivent lui être
offerts en holocauste.

Je conçois que le commerce et l'industrie
souffrent momentanément dans la lutte que
l'établissement de la liberté fait naître; mais
cette liberté établie leur rendra facilement

toute leur splendeur, et une splendeur qui, ne dépendant plus du caprice d'un homme, des préjugés d'un gouvernement, de la présomptueuse incapacité d'un ministère, sera stable comme la liberté elle-même.

Et si le crédit tarde à se relever, si la confiance ne se rétablit point, si l'état de gène qui se fait sentir se prolonge, gardez-vous d'ètre dupes et injustes au point d'en accuser la révolution et la liberté, devant lesquelles l'industrie et le commerce, naturellement timides, se sont arrêtés d'eux-mêmes; mais dites hardiment et sans craindre de vous tromper : que les ennemis de la révolution dont ils redoutent le succès, et de la liberté qu'ils ont intérèt de ne jamais laisser se réaliser, empèchent seuls la prospérité publique de renaître, en empèchant qu'on n'acquière la certitude que la nation est satisfaite, et que par conséquent l'ordre et le calme ne seront plus troublés.

Au reste, je ne devais entendre et je n'entends dans cet écrit par intérêts matériels, que ceux du peuple uniquement, qui ne sont pour lui des intérèts ni d'ambition ni d'avarice, mais bien de première et absolue nécessité. Aussi, je dis qu'il faut, non leur sacrifier la li-

berté, mais les assurer préalablement en fondant
la liberté, afin de cimenter la liberté par la reconnaissance du peuple, qu'elle aura matériellement aussi bien que moralement régénéré.

Les masses, sans la coopération desquelles il
ne saurait y avoir de révolution, et qui seules
conquièrent la liberté, ont droit aux premiers
bienfaits de leur conquête, même et surtout
lorsque le commerce suspendu et l'industrie
languissante cessent de leur fournir les ressources ordinaires. Soulager la classe inférieure
est donc acte de justice; et, l'on ne saurait assez
le répéter, si nous voulons être libres, sachons
d'abord être justes.

§ VI.

Condition essentielle d'une vraie Révolution.

Elle éclatera je ne sais où, ni à quelle occasion, ni pourquoi, ni comment; mais il est in-
dubitable qu'elle éclatera quelque part, pro-
bablement lorsqu'on s'y attendra le moins: peut-
être aura-t-elle cette fois pour seul motif la détresse populaire, à laquelle précisément elle
doit avoir pour but principal de porter re-
mède.

Qu'elle s'annonce d'ailleurs de cette manière ou de toute autre, par exemple comme devant délivrer le pays d'étrangers dominateurs, d'une famille haïe du peuple, d'un pouvoir illibéral, ou d'institutions trop au-dessous des lumières de la nation ou de l'époque, peu importe. Le branle sera donné: et le plus important, le seul important même, et aussi le plus difficile à ce qu'il paraît, puisque cela n'a encore jamais été obtenu, c'est de la faire tourner à bien, de la réaliser, de faire, en un mot, qu'elle soit la dernière, parce que le peuple y aura trouvé tout ce qu'il avait droit d'espérer et ce qu'il voulait.

Pour y réussir, examinons un moment comment les révolutions se préparent et s'exécutent.

Il n'y a révolution que lorsque la majorité d'une nation est mécontente, veut un changement, et a le courage d'entreprendre de l'opérer.

Sans ce mécontentement, et ce mécontentement de la majorité, il n'y a pas de révolution possible. Avec lui la révolution, on peut le dire, est déjà faite.

La majorité d'une nation est le peuple, ce

qu'on appelle *la classe inférieure* et qu'on ferait mieux d'appeler *la classe souffrante*, par opposition aux *classes jouissantes*.

Or, de quoi ce peuple est-il mécontent? incontestablement de souffrir. Que veut-il? cesser de souffrir ou souffrir moins.

Le peuple, poussé à bout par l'excès de ses maux, par le besoin, se révolte : si on lui oppose de l'entêtement, des mesures de rigueur, des baïonnettes, la révolte devient révolution. Les coups de canon sont de mauvais argumens contre la faim; ils lui imposeront silence une fois, dix, vingt fois, mais la vingt-unième elle fera taire le canon à son tour. La force finit toujours par se briser comme verre, quand elle se heurte contre un légitime désespoir.

Et qu'on ne se flatte pas d'apaiser cette faim en improvisant, pour les ouvriers qu'on appellera les plus insolens, des travaux extraordinaires pendant quelques semaines, ou en leur distribuant une somme d'argent : il n'y a qu'un changement fondamental dans nos lois, une réforme de nos institutions sociales qui puissent y réussir.

Or, c'est là l'œuvre d'une révolution réelle.

La révolution commencée, que font les

hommes qui se mettent à sa tête, soit amis vrais du peuple, soit intrigans avides? ils promettent à la classe inférieure une amélioration dans sa situation, et, formulant cette promesse en langage populaire, ils crient à tue-tête: *Diminution des impôts! Plus d'impôts sur les denrées à l'usage des pauvres! Dégrèvement des moins imposés* *.

Sans cela ils n'auraient pas les masses pour eux, ne feraient point de révolution : et, s'ils sont de bonne foi, ils perdraient tout moyen de faire le bien; s'ils sont égoïstes, ils verraient échapper une occasion précieuse de faire fortune.

Qu'arrive-t-il ensuite? que les intrigans

---

* Cela est si bien senti de tout le monde, que les contre-révolutions, malgré leur horreur des masses, et même les restaurations ne se font pas faute d'emprunter le cri révolutionnaire : elles aussi, à les en croire, aboliront les impôts; elles ne sont mues que par l'amour du peuple et feront tout pour le peuple; elles écouteront ses plaintes, combleront ses vœux.

Mais ce sont promesses faites au fort de la tempête : le danger passé, on en rit; on rit de sa propre frayeur, et surtout on rit des dupes que de mielleuses paroles n'avaient pas manqué de faire.

jouent le peuple et la révolution, et que les
honnêtes gens oublient leurs promesses: quand
par hasard ceux-ci se les rappellent, ou ils n'ont
pas assez d'énergie et de fermeté pour les réaliser, ou ils chargent de les réaliser des fripons
intéressés à les rendre illusoires, et qui, après
avoir trompé le peuple, séquestrent la révolution à leur profit; ou des obstacles imprévus
dans l'origine, grossissent dans la suite, et, de-
venus insurmontables, font évanouir jusqu'à
l'espoir d'effectuer une véritable révolution sociale.

Il est clair donc que, dès la première impulsion, l'homme qui voudra fonder un ordre
de choses durable, devra, sans perdre le temps
à promettre, tenir immédiatement les promesses que les révolutions font et doivent nécessairement faire, comme conditions de leur existence. Je dirai plus bas quelles me paraissent
être les mesures les plus urgentes à prendre en
ce cas, et les plus propres à nourrir la confiance
que le peuple met dans toute révolution, afin
qu'ensuite on justifie pleinement cette confiance, en maintenant les principes, les libertés et
les institutions, qui seules assurent à l'humanité sa dignité trop long-temps méconnue, et à

la société une prospérité stable, après tant de vicissitudes et de catastrophes.

Que si l'on n'entre pas franchement et tout d'abord dans cette voie, il en résulte ce qui est résulté de toutes les révolutions passées, et ce qui a fini par les rendre toutes nulles, quant à la liberté qu'elles s'étaient vantées d'établir, ruineuses pour le peuple, dont elles s'étaient engagées à faire, sinon cesser, du moins diminuer la misère.

Et le peuple devient naturellement indifférent, si pas même hostile à la cause de la liberté. (Qui pourrait le blâmer de répudier finalement un bien qui n'a jamais été qu'un moyen ou un prétexte pour accroître ses charges et ses maux ?)

Vienne alors un ambitieux adroit qui se fasse populaire pour dominer, escamoter ou confisquer la révolution; qui prenne en apparence le parti du peuple contre les révolutionnaires; qui, au nom de l'humanité, étouffe la liberté, après avoir réparé pour le moment le mal que de faux amis de la liberté avaient fait aux hommes : son succès est immanquable.

Le peuple lui abandonnera sans regrets

tous les droits qui naissent avec l'homme, et qu'une société libéralement constituée lui garantit; ces droits que le peuple avait aidé les classes supérieures à reprendre, mais non pour que ces classes s'en servissent contre lui; droits qui sont nuls pour lui, peuple, qu'il n'a jamais possédés, dont on le prive obstinément; qu'il avait payés néanmoins des dernières ressources et du peu d'espoir que lui avait laissés l'ancien despotisme.

Il serait plus que cruel d'imputer à crime au peuple qu'il accepte d'un despotisme nouveau les moyens d'existence que la liberté lui refusait. Fallait-il qu'il mourût pour que d'autres, qui ne lui permettaient ni de vivre libres, ni même de vivre, vécussent, eux, libres et heureux?

Non : il prend le pain qu'on lui jette, s'étourdit aux spectacles dont on l'amuse; et, lorsqu'après un long intervalle, il sent enfin le pied du maître qui le foule, il rend grâce à la Providence de ce que ceux qui lui enviaient jusqu'au pain de la misère sont encore plus lourdement et plus ignominieusement foulés que lui.

Mais, comme les sentimens de dignité et de

liberté, naturels au cœur de l'homme, re-
prennent tôt ou tard le dessus, le peuple,
quoi qu'il en doive advenir, s'associe de nouveau aux projets conçus pour détrôner l'arbi-
traire. Le temps qui s'est écoulé lui a fait ou-
blier l'inutilité de ses derniers efforts, et les
sacrifices qu'ils lui avaient si vainement coû-
tés. Ce temps, passé sans profit pour personne,
a également effacé de la mémoire des révolutionnaires qu'ils n'avaient échoué que pour
avoir été injustes envers le peuple, pour avoir
négligé et méprisé le peuple. Et la révolution
périt, comme les révolutions précédentes, sous
l'inexpérience, l'ambition, l'avarice des meneurs, et sous la haine des masses, après avoir
encore une fois rendu le peuple plus malheureux qu'auparavant, après avoir rivé et al-
lourdi les chaînes de la nation.

§ VII.

Moyens d'exécution d'une Révolution réelle.

Si le peuple qui commence les révolutions
pouvait les terminer par lui-même, elles seraient toutes réelles et efficaces : car il sait
parfaitement, et d'instinct, ce qui lui manque,

et il s'arrêterait dans ses légitimes réformes lorsque ses justes vœux seraient remplis. Mais ses lumières sont insuffisantes pour mettre sa volonté à exécution, pour organiser la révolution radicale dont il sent tout à la fois le besoin et l'équité.

Ce n'est que lorsqu'une révolution aura complètement réussi, c'est-à-dire lorsqu'avec le bien-être matériel, elle aura valu au peuple les progrès intellectuels et moraux qui sont ses droits, qu'il sera capable de veiller lui-même à ses intérêts et de les défendre.

Or, dès ce moment, il n'y aura plus de révolution. Tout motif, tout prétexte même manquera pour en faire : si alors une révolution était encore possible, elle serait un crime. La première révolution vraiment sociale et populaire comblera réellement et à tout jamais l'abîme des révolutions.

Mais nous sommes loin encore de ce but vers lequel nous devons tâcher de marcher à grands pas.

C'est pour l'atteindre que le peuple, incapable de se diriger dans sa course révolutionnaire, confie sa force et ses droits à des hommes de son choix, qui, jusqu'ici, ont été ou

tout à fait au-dessous de leur mission, ou dé-
cidés d'avance à trahir le peuple pour des honneurs, du pouvoir, de l'argent.

Je ne m'adresse pas aux mal intentionnés et
aux pervers; ils sont incorrigibles. La vraie révolution répudie leur secours; et s'ils veulent
l'imposer, s'ils intriguent pour paraître utiles
afin de nuire, c'est au peuple, dont ils sont les
ennemis les plus redoutables, à en faire justice.

Je parle à celui qui. mu par des sympathies
populaires, et voulant sincèrement le bien,
cherche de bonne foi le moyen le plus efficace
de le faire et de le consolider.

Et je lui dis :

« Si tu es dévoué à la cause du peuple, à la
vie et à la mort (car ne t'y trompe pas, ceux à
qui tu vas enlever leurs injustes priviléges,
qu'ils appellent leurs droits, sont riches, sont
puissans; ils te tueront peut-être, s'ils ne réus-
sissent pas à te faire tuer par le peuple, qu'ils
auront trompé sur tes intentions); si tu ne
veux rien, absolument rien, c'est-à-dire ni
honneurs, ni richesses, ni pouvoir, soit des
grands qui essaieront de te séduire et de te
corrompre, soit du peuple pour le salut du-

quel tu auras dépouillé tout sentiment d'intérèt personnel et de famille, et de gloire même
(tu peux échouer et laisser après toi une mémoire méconnue, maudite) ; enfin, si tu es
inébranlablement déterminé à tout affronter,
à tout sacrifier, à ne cesser de lutter qu'en ces-
sant de vivre, et cela dans l'unique vue d'être
utile aux hommes souffrans et opprimés, n'as-
pirant pour toute récompense qu'à la conviction consciencieuse d'avoir fait ton devoir en
faisant le bien, ou du moins en le voulant de
toutes les forces de ton être, mets-toi à l'œuvre, et en dépit de toutes les idées reçues, de
toutes les convenances d'un ordre social dont
il importe d'effacer jusqu'au souvenir, si l'on
veut réellement fonder un ordre nouveau, ré-
pète-toi sans cesse qu'*il faut*, A TOUT PRIX
ET AVANT TOUT , *améliorer le sort du
peuple.*

Cette idée n'est pas neuve : les moralistes
philanthropes et les niveleurs de tous les temps
l'ont émise, et ont inventé divers modes d'exécution pour la réaliser. Ils n'ont pas réussi. Je
propose un mode nouveau. On le jugera.

Je compare les niveleurs, partisans de la loi
agraire, *Babouvistes* et autres, à gens qui, au-

tour d'un baquet à plusieurs compartimens,
contenant les uns plus, les autres moins d'eau,
chercheraient à rétablir le niveau en puisant
sans relâche dans les divisions les plus pleines
pour verser dans celles qui le sont le moins.

Les Saint-Simoniens * ne veulent pas de niveau réel ; mais ils font la même opération, en
déclarant qu'ils détermineront eux seuls, de
leur seule autorité, et sur des motifs dont ils
sont les seuls juges, là où il faut plus, là où il
faut moins de liquide.

Cette intervention souveraine et absolue, de

---

* Je ne crois la théorie saint-simonienne applicable
qu'à l'économie de la famille, où le père, naturellement
plus éclairé et meilleur que ses enfans, peut et doit par
conséquent rétribuer chacun d'eux selon sa capacité et
ses œuvres ; et il sera nécessairement juste envers eux,
puisqu'il les aime tous également pour eux-mêmes, et
qu'il aura constamment pour but de les mettre à même
de suffire à leurs besoins et de faire leur propre bonheur.

Si la société humaine était exclusivement composée
d'enfans en bas-âge et que les *pères* saint-simoniens en
fussent les chefs nés, elle serait gouvernée par eux le
mieux possible ; tout comme, si les hommes étaient un
troupeau d'animaux sans raison, ou les rois des anges, le
despotisme serait le chef-d'œuvre des institutions sociales.

chaque jour, de chaque instant, dans tous les détails de la vie de tous les membres de la société, soit de la part d'un gouvernement démocratique, soit de la hiérarchie saint-simonienne, me paraît despotique, tyrannique, inquisitoriale, vexatoire, insupportable, destructive du peu de liberté individuelle, physique et morale, que nous avaient octroyée nos gouvernemens, déjà si despotiques et si tyranniques, et nos polices qui scrutent, réglementent et régentent notre vie entière, depuis la naissance jusqu'à la mort.

Revenant à la comparaison du baquet, sans le moins du monde toucher au contenu des divers compartimens, je me borne à percer à jour les parois de séparation, et je laisse le niveau s'établir tout seul.

Je m'explique, de peur de fausse interprétation :

Je n'arrache à personne ce qu'il possède ; je ne violente qui que ce soit. N'ayant pour mobile que la justice et l'humanité, pour moyens que les lois, je veux seulement que ces lois reposent sur l'humanité et sur la justice.

Je veux la légalité ; mais une légalité nouvelle, non l'ancienne légalité, au moyen de la-

quelle toute espèce d'injustice a été commise,
peut se commettre et se commet. C'est par
une révolution légitime, c'est-à-dire populaire,
que j'arrive à cette légalité, qui alors sera légitime comme sa source.

Je tends non-seulement vers l'égalité des citoyens devant la loi, car cette loi peut être
inique, et alors elle détruit toute égalité ; mais
vers l'égalité réelle par des lois équitables.

Dans mon système, institutions sociales,
lois *, mœurs, tout doit être moyen, et moyen
sûr pour approcher de cette égalité réelle.

---

* Une de ces lois qui doivent être fondamentales et in-
violables est *l'impôt progressif*, comme je le dirai plus
loin : cette loi sera la régularisation de la première opération révolutionnaire, savoir, le dégrèvement absolu,
tant en impôts indirects qu'en impôts directs, de la classe
moins aisée.

Son résultat immédiat et son effet constant seront de
favoriser la division à l'infini des propriétés, et le main-
tien, autant que possible, de l'égalité des fortunes, ainsi
que la juste répartition des jouissances sociales entre tous
les membres de la société.

Néanmoins, loin de restreindre le droit existant de
propriété, comme le proposent ceux des niveleurs modernes qui ne vont pas jusqu'à l'abolir entièrement, je
voudrais qu'on lui rendît toute sa latitude et toute son

Je dis *approcher* : car l'égalité absolue serait la justice absolue, c'est-à-dire la perfection,

extension. Je prends la propriété, comme toutes les institutions sociales, telle qu'elle existe : je ne détruis rien violemment ; seulement je cherche à extirper les abus, et c'est par la liberté seule que j'y procède. J'émancipe donc la propriété comme tout le reste ; car, me dis-je, s'il faut que chacun puisse disposer de ses biens après sa mort, je ne vois pas pourquoi il n'en disposerait pas comme il faisait pendant sa vie, c'est-à-dire librement et sans restriction aucune. Je trouve absurde que celui qui a pu légalement exposer toute sa fortune sur une carte ne puisse pas la laisser après lui à qui et comme bon lui semblera. Il serait d'abord plus moral que le père de famille eût le droit de léguer ses biens à chacun de ses enfans selon sa position, son mérite, sa conduite. En effet, que les enfans deviennent propriétaires à leur tour, cela se conçoit ; mais qu'ils naissent propriétaires au moins éventuels d'une partie de la fortune de leurs parens encore vivans, je n'en vois nullement la nécessité. Ce sera ensuite plus conséquent : la loi ne violera plus en un cas le droit qu'elle respecte en un autre cas ; ce qu'elle fait en entravant, dans l'intérêt des héritiers, le droit de tester librement, et en ne donnant pas, dans le même intérêt, à chaque citoyen majeur, un tuteur chargé de surveiller la bonne administration et la sévère économie de ses propriétés jusqu'à sa dernière heure.

La liberté naturelle rendue aux pères de famille enqu'il n'est pas donné aux hommes de réaliser sur la terre. Mais que pour cela, du moins, ils ne cessent pas de se la proposer pour but dans tous leurs actes, et que, sans l'atteindre jamais, ils fassent des efforts continuels pour y arriver le plus près possible.

Et c'est par la liberté seule que je sens qu'il faut y parvenir afin de ne plus s'en écarter désormais; et à la liberté seule qu'il faut s'en remettre du soin d'empêcher qu'on ne s'en écarte. Point de force brutale, de contrainte matérielle, de violences, d'extorsions, de confiscations, de terreur quelconque; rien, jamais rien que la conviction morale, puisée dans l'amour des hommes et de la vérité.

La liberté mène à l'égalité; et plus il y aura d'égalité, plus le peuple sera heureux et libre, éclairé et vertueux.

Mais c'est par l'amélioration du sort du

gendrera des abus, je le sais bien : mais de quoi n'abuse-t-on pas? faut-il pour cela détruire la liberté?

La manie de vouloir tout lier, tout entraver, tout diriger, réglementer, et, comme on dit, *gouverner,* a singulièrement compliqué la machine sociale. Simplifions-la, et laissons-la ensuite marcher d'elle-même : elle ne se dérangera plus aussi facilement.

peuple qu'il faut commencer. Quel est le moyen le plus propre à la fois et le plus prompt pour l'obtenir ?

Le voici :

Faites et faites tout de suite que chaque citoyen contribue aux charges de l'état social en proportion exacte et réelle des bénéfices que sa position le met à même d'en retirer. Vous avez quelques riches qui le sont outre mesure; c'est à eux à payer aussi dans les impôts une part outre mesure. N'est-ce pas là de l'équité rigoureuse *?

* Voici une supposition toute gratuite et sans application effective, qui ne doit servir qu'à mieux développer, par un exemple imaginaire, mes idées sur la légitime répartition des charges de la société dans les deux cas que je pose, savoir, celui des impôts perçus, les besoins l'exigeant, au même taux après la révolution que sous l'ancien ordre de choses, et celui de la diminution de moitié, la révolution ayant porté ses fruits, des mêmes charges.

Dans cette hypothèse, 2000 habitans versent annuellement, en contributions de toute espèce, directes et indirectes, droits de patente, de succession, de timbre, etc., etc., les impositions provinciales ou départementales et communales comprises, 60,000 fr.

Bientôt, me dites-vous, ils cesseront d'être aussi énormément riches. Mais faut-il néces-

Sous le régime ancien ils étaient répartis de la manière suivante :

5 riches payaient, l'un portant l'autre, chacun 3000 fr.   15,000 fr.

195 citoyens aisés, chacun 150 fr.   29,250

Enfin, 1800 citoyens de la classe inférieure, soit en impôt personnel, patente, droits sur le pain, la viande, le sel, la bière ou le vin, le tabac, etc., etc., chacun 8 fr. 75 cent.   15,750

Total.   60,000 fr.

La révolution faite, je change immédiatement ce mode de perception comme suit :

5 riches, à 7000 fr.   35,000 fr.

195 citoyens aisés, à 100 fr.   19,500

1000 les moins pauvres de ceux qui restent, à 5 fr. 50 cent.   5,500

Les 800 autres dégrevés entièrement.   0

Total.   60,000 fr.

Lorsqu'ensuite les impôts seront, avec les besoins, réduits de moitié, leur répartition subira une nouvelle modification, de manière que

Les 5 riches, à 4000 fr., paieront.   20,000 fr.

Les 195 citoyens aisés, à 45 fr.   8,775

sairement qu'ils le soient? Il faut donc aussi qu'il y ait des malheureux mourant d'inanition!.... l'un est la conséquence de l'autre.

Vous donc qui voulez terminer la dernière révolution qui troublera les hommes, à peine élevé au pouvoir temporaire que le peuple vous aura délégué, et sans hésiter, sans tarder une seule minute, dégrévez *entièrement* la classe la moins imposée, de tout impôt direct et droit de patente jusqu'à concurrence de la somme de ......; libérez de tout impôt indirect quelconque, droit de douanes aux frontières, gabelle et octroi de ville, imposés par et au profit de l'état, d'une province, d'une commune, les denrées et objets de première nécessité, qui servent à la nourriture et au vêtement du peuple, à son habitation et à son chauffage.

Report.	28,775 fr.
Les 500 plus aisés après eux, à 2 fr.	1,000
Les 300 qui suivent, à 75 cent.	225
Les 1000 plus pauvres.	0
Total.	30,000

Je le répète : ce calcul n'a aucun fondement réel; je n'ai voulu simplement, en l'indiquant ici, que rendre plus claires mes vues sur une juste répartition des charges de l'état entre ses membres.

Et que cet acte soit consigné comme principe inviolable, non dans les lois qui varient, non dans le pacte social dont la majorité peut changer la forme, mais dans la déclaration des droits imprescriptibles de l'homme et du citoyen, qu'aucune disposition humaine ne saurait atteindre, pas plus que la liberté de conscience et de culte, la liberté de la parole, de la presse, de l'enseignement, des associations, des provinces, des communes.

Le déficit qui en résultera pour couvrir les dépenses *nécessaires* de l'état, vous le comblerez facilement en le répartissant sur les riches, peu nombreux et par conséquent faciles à surveiller et à contenir s'ils s'opposent à la volonté de la majorité et à vous qui êtes son représentant avoué et son interprète, et que le peuple, c'est-à-dire le plus grand nombre de vos concitoyens, surveillera et, au besoin, contiendra volontiers de concert avec vous, puisque ce sera dans son intérêt seul que vous aurez sapé la vieille et radicale injustice sociale, qui, depuis des siècles, attache à la richesse le monopole héréditaire de la liberté, des lumières et de toutes les jouissances de la vie de l'homme en société.

Les classes moyennes, intéressées à la stabilité mise hors de tout doute d'un ordre de choses quelconque, où elles conserveront les avantages qu'elles possèdent de fait et de droit, ne pourront que favoriser une révolution qui, en faisant monter jusqu'à elles la classe inférieure, se sera contenté de baisser la position de la classe élevée.

Les riches, s'ils comprennent la crise sociale qui les menace, ou quand ils seront enfin parvenus à la comprendre, remercieront le ciel et la révolution d'avoir fait triompher une réforme qui, en ne les privant que d'une partie de leur superflu, les aura sauvés de la colère et de la vengeance du peuple, si long-temps excitées par leur dur et insatiable égoïsme.

Mais, je le répète, il faut que l'opération du dégrèvement soit faite immédiatement, en même temps que la révolution, et par le pouvoir révolutionnaire sans intermédiaire aucun et directement *, de manière à ce qu'il ne reste

---

* Il faut surtout que ce pouvoir, populaire ou révolutionnaire, procède révolutionnairement, sans égard à l'ancienne légalité que la révolution a eu mission d'abolir, afin de lui substituer une légalité nouvelle, une légalité légi-

aucune voie ouverte pour revenir jamais sur
ce qu'elle aura établi : dès qu'on le voudra sé-
rieusement, cela sera très-praticable.

time. Il suffit que le salut de la révolution soit la loi suprême; le bonheur du peuple, le but à atteindre; la liberté, le moyen d'y parvenir.

Les commissions de gouvernement que le pouvoir populaire appellerait à son secours; les assemblées consulta-
tives ou délibérantes, toujours, sinon contre-révolution-
naires, du moins anti-révolutionnaires, ne sont bonnes
qu'à hésiter au lieu d'agir, qu'à enrayer le char de la révolution, à amortir l'élan du peuple, à transiger sur ses
droits, et enfin à tout perdre.

C'est par elles qu'on s'agite depuis tant d'années, sans
espoir d'en sortir jamais, dans le cercle vicieux où l'on
tombe constamment, de la détresse publique qui cause les
révolutions, dans les révolutions qui augmentent la détresse publique.

Qu'on se garde aussi, dans le premier feu et les premiers
embarras de la révolution, de convoquer des congrès et
des conventions nationales.

Le peuple n'est-il pas pleinement et convenablement
représenté par le pouvoir révolutionnaire qu'il a procla-
mé lui-même, et qu'il confirme journellement par ses ac-
clamations, pouvoir essentiellement agissant et par conséquent nécessairement un et fort? Que faut-il de plus à
une révolution naissante?

Ce serait folie d'en appeler, de prime abord, au peuple
à régénérer, sur les moyens de le régénérer; au peuple

Les hommes spéciaux en matière de finances régulariseront à loisir, par après, cette opération, de façon cependant à ne jamais en attaquer ni en modifier le principe. Ils assoieront sur ce même principe un *impôt progressif*, qui deviendra loi constitutionnelle de l'état, et ne pourra plus varier que dans la forme et du plus au moins, d'après les circonstances et la nécessité suprême de sauver toujours l'existence de la révolution, même aux dépens de

encore dans les langes de la servitude, sur la marche qu'il prendra étant émancipé ; au peuple, forcé jusqu'ici de ne s'occuper que des soins de sa vie animale, sur ses intérêts et sa dignité d'homme libre.

Mandataire légitime du peuple en révolution, commence avant tout à le régénérer, rends-lui la liberté et ses droits : puis tu t'adresseras à lui ; et par lui-même, ou par de nouveaux représentans de son choix, il ratifiera, légalisera, régularisera et consolidera ce que tu auras fait.

Ce n'est qu'après que l'on aura remué la société jusqu'au fond, et que l'on aura restitué au peuple, avec ses droits à une légitime aisance et les moyens d'en jouir, sa moralité et les lumières qui lui sont indispensables pour juger lui-même sainement son état et ses besoins, pour émettre ses véritables vœux et sa volonté réelle, qu'on pourra raisonnablement lui demander des députés éclairés et bien intentionnés, pour achever l'œuvre de sa régénération.

quelques-uns des moyens d'application qui l'auront fait triompher.

Il serait inutile de nous arrêter davantage sur les détails d'exécution propres à faire découler toutes les conséquences de la mesure à prendre pour le soulagement radical du peuple : il suffit que cette mesure soit prompte et immuable, et qu'en la soumettant dans la suite aux règles de la science financière, il ne soit permis à personne de l'altérer dans aucun de ses effets principaux, sous peine d'être convaincu du crime de lèze-humanité.

§ VIII.

Du Gouvernement à bon marché.

C'est le gouvernement dont les intrigans et les fripons ne veulent pas, parce que, et ils ne s'en cachent point, ils veulent avant tout être bien payés, n'ayant d'autre but que de s'enrichir aux dépens de l'état, c'est-à-dire du peuple : c'est par conséquent le gouvernement qu'il faut établir coûte que coûte; car la fin de l'institution sociale est de protéger les honnêtes gens contre les ruses des fourbes et les

violences des méchans, pour qu'en tout cas
et toujours force reste à justice.

Je l'ai dit, toute révolution doit se faire pour
le bonheur du peuple et pour la liberté.

Il faut pour cela tirer le peuple de la misère :
le dégrèvement, et l'abolition de tout impôt indirect payé par le peuple en sont un moyen
bien simple.

Voilà pour le temps où les besoins de la révolution, parmi lesquels il faut mettre en première ligne la réparation scrupuleuse des maux
qu'elle aura inévitablement entraînés après elle,
exigeront que les charges de l'état soient maintenues à la hauteur où les avaient portées les
abus, les dilapidations, les honteuses prodiga-
lités d'avant la révolution, et qui ont rendu la
révolution nécessaire, indispensable.

Que si ces besoins voulaient que, momentanément, les charges fussent augmentées, il est
bien entendu que les riches seuls devraient
porter tout le poids de la majoration, à titre,
non d'emprunt remboursable, c'est-à-dire de
prêt onéreux fait au peuple que la révolution
doit soulager, par ceux qu'il est de devoir de
faire principalement contribuer à ce soulage-

ment, mais à titre de don révolutionnaire et gratuit.

Et ce sera justice; car, malgré tout ce que la révolution a droit de faire et doit faire pour le peuple, ses principales faveurs seront toujours pour ceux que leur position sociale, aidée des lumières qu'elle leur a fait acquérir, placera naturellement et tant qu'ils conserveront cette supériorité, à la tête de la société réformée.

Mais, la révolution close, et close cette fois-ci sans crainte parce que sans nécessité de retour, les besoins de la société diminueront de jour en jour et d'eux-mêmes, et les charges de la nation diminueront dans la même proportion.

D'abord, la dépense de l'armée permanente, cette gangrène de nos sociétés modernes, pourra être supprimée presqu'entièrement; car qui sera tenté de faire la guerre, non à une nation qui veut acquérir de la gloire, à un roi qui veut faire des conquêtes, à des grands qui veulent gagner des épaulettes, des croix et des pensions, mais à un peuple défendant ses vrais droits, c'est-à-dire, non pas seulement la liberté et l'indépendance à l'usage de ses nobles et de ses riches, mais sa propre existence assurée, son aisance, et les lumières et la dignité morale qui en sont les conséquences, la liberté dont il jouit lui-même et l'indépendance nationale qui le regarde enfin réellement, tout comme ceux de ses concitoyens que le hasard de la naissance a favorisés?

Ensuite, on coupera court une fois pour toutes au scandale des hauts appointemens; et il importe que ce soit là aussi un des premiers actes du pouvoir révolutionnaire qui doit le rendre irrévocable et le mettre hors de toute atteinte de la part des ambitieux et des hommes avides.

L'état n'est pas une vache à lait, comme on a semblé le croire jusqu'à présent, que ceux qui l'approchent ont droit de traire tour à tour, et qu'ils ne se font pas le plus petit scrupule de traire jusqu'au sang : l'état n'est autre chose que l'ensemble de tous les citoyens qui se gouvernent ou se font gouverner pour le plus grand bien-être du plus grand nombre de ses membres.

Il serait injuste d'exiger qu'un citoyen se ruinât en prenant sur lui une partie des soins que demandent les intérêts de tous; mais il le serait aussi de prétendre s'enrichir en administrant la fortune publique : car on ne s'enrichirait qu'aux dépens de cette même fortune; moyen singulier de la faire prospérer. Il faut donc réformer d'abord fondamentalement les institutions qui, en consacrant les salaires exorbitans, donnent lieu à ce pillage légal; et, cela fait, punir sévèrement le voleur dont le dévouement simulé au peuple n'avait pour but que de se faire un trésor en puisant dans le trésor national. Servir le peuple n'est pas un moyen de parvenir; c'est uniquement un moyen de s'acquitter de son devoir de citoyen, et il suffit, en le faisant, de ne point y perdre *.

Les moindres dépenses de la société, si elles ne sont pas strictement indispensables pour mener au but social réel, celui de rendre le peuple le plus heureux et le meilleur possible, sont criminelles.

Or le peuple ne doit aux agens qu'il nomme pour le gouverner en son nom, et à son profit et avantage, que ce à quoi ils ont incontesta-

---

* Il est hors de doute que, dans mon système, les emplois publics sont une propriété, pour le temps du moins pour lequel ils sont conférés, et que les fonctionnaires ne peuvent être destitués que sur un jugement devant un jury.

blement droit, savoir : 1° Une indemnité légitime pour le temps qu'ils passent dans les fonctions publiques et qu'eux-mêmes auraient pu employer pour se soutenir avec leur famille ou en augmenter les ressources, ainsi que pour le temps qu'ils devront perdre en sortant de fonction, avant d'avoir pu se remettre à exploiter quelque industrie privée; 2° L'avance exacte des frais que nécessitera la charge qui leur est imposée; 3° Le remboursement approximatif des sacrifices qu'a pu occasioner l'acquisition de l'instruction au moyen de laquelle ils ont été rendus capables de se consacrer au service public.

Or, tout cela se réduira à fort peu de chose.

Les appointemens ruineux pour le peuple, qui ne s'accordent point aux employés inférieurs et secondaires, pris dans la classe du peuple, mais seulement à ceux qu'on appelle les *hauts employés*, seront réduits, quant à l'indemnité pour le temps, au taux des fonctions ordinaires.

En effet, le temps est le même pour tout le monde; et les grands dignitaires, les ministres et le chef de l'état lui-même ne pourraient, s'ils devaient le faire valoir à leur profit personnel, en tirer que l'existence, seule garantie par la société, et garantie égale pour tous ses membres.

S'il en est parmi les privilégiés qui se sont créé des besoins plus coûteux et qui trouveraient moyen d'y satisfaire, cela ne regarde qu'eux; qu'ils refusent en ce cas (ils sont libres) l'honneur de servir le peuple : ils n'en sont pas dignes. Ce n'est pas à eux qu'il faut prodiguer l'argent de la nation.

Quant aux frais essentiels aux charges, ils seront peu considérables, les frais dits *de représentation* en étant presqu'entièrement déduits, comme offrant un contresens avec l'aisance populaire, incompatible avec tout éclat, même avec celui qu'on décorerait du titre de *national*.

Enfin, les supériorités morales ne pourront plus se mettre à fort haut prix, là où une juste valeur morale deviendra peu à peu le partage de tous les citoyens.

Le rang et la dignité des fonctions paieront et au-delà ceux qui en seront revêtus : le ministre qui, outre ses frais réels de bureaux, ne coûtera à l'état que tout juste ce que lui coûtent les commis du ministère, ne sera pas pour cela moins honoré; il sera certes plus honorable.

Cette grande, importante et urgente réforme, outre l'économie immense qui en résulterait, ferait cesser à l'instant les deux fléaux de notre état social actuel, la fureur des places et la bureaucratie.

Elle ôterait au pouvoir, quelque nom d'ailleurs qu'il porte, ses plus efficaces et plus dangereux moyens de corrompre les hommes, et par conséquent de nuire à la société.

§ IX.

Conclusion.

Dès qu'on se sera bien pénétré de cette vérité, savoir, que les révolutions n'ont manqué jusqu'ici que parce que toujours elles ont été faites pour l'avantage de la minorité; que, terminées au profit de la majorité, elles auront complètement réussi; et que la majorité c'est le peuple, la minorité les nobles, les riches, les gens en place; l'Europe pourra compter sur de nouveaux siècles d'ordre et de stabilité.

Pour la classe supérieure et les classes

moyennes de la société, les intérêts moraux sont les plus, sinon les seuls importans; elles n'ont besoin que de liberté pour demeurer ce qu'elles sont.

La classe inférieure, au contraire, c'est le bien-être matériel seul qui peut l'émouvoir : quand elle jouira à son tour de l'aisance à laquelle tout homme, en tant qu'homme, a droit, elle attachera aussi aux intérêts moraux le prix que ceux-ci ont en effet.

C'est donc ce bien-être qu'il faut commencer par assurer au peuple, si l'on veut pouvoir conserver par lui la liberté que par lui on aura conquise dans le but exclusivement d'améliorer son sort.

La révolution au moyen de laquelle la liberté aura rendu à tous les membres de la société, jusqu'au plus infime, aux ouvriers des villes, aux journaliers des campagnes, les droits de l'homme et du citoyen, et aura sanctionné et garanti ces droits, sera réelle, inébranlable, je dirais presque divine.

Et la liberté, avec toutes les libertés dont elle se compose, de la pensée et de la conscience, de la presse, de l'enseignement, des associations, du culte, des provinces et des communes, sera écrite d'une manière ineffaçable dans le cœur du peuple, mieux qu'elle ne l'a jamais été dans nos chartes versatiles, nos lois d'un jour, les proclamations mensongères de nos prétendus hommes d'état, et les sermens ridicules et impies de nos saltimbanques politiques, toujours prêts à jurer comme à promettre, à constituer comme à décréter, pourvu que le peuple reste plongé dans l'abrutissement et la misère, et qu'eux nagent dans la profusion et les délices.

Qui donc que tu sois, qui es assez fortuné pour pouvoir donner à un mouvement révolutionnaire l'impulsion et la direction convenable, hâte-toi : fais, au nom de cette révolution et de la liberté, fais au peuple le bien qu'il désire et auquel il a droit, afin de lui faire aimer, apprécier et partager cette liberté que le nouvel ordre de choses sera appelé à établir. Des libertés à l'usage des seules classes supérieure et moyenne, ne sont qu'une extension de l'iniquité primitive qui a, jusqu'à présent, constamment privé la classe inférieure de la société des douceurs, et voire même des nécessités de la vie. Rétablis l'équilibre, et, quelle que soit d'ailleurs la forme des institu-

tions que tu fondes, il suffit qu'elles garantis-
sent l'œuvre de justice dont tu auras été l'heureux instrument, pour qu'elles soient accueil-
lies avec reconnaissance et maintenues avec
fermeté. Le peuple, d'abord moins malheureux, puis, et comme conséquence de cette
aisance nouvelle, plus libre, plus éclairé, plus
moral, comprendra tes bienfaits, puisqu'il en
profitera tout comme ses frères et concitoyens,
et les défendra au péril de sa vie contre les
événemens et les hommes. Et la liberté sera
lavée de tous les reproches qui lui ont été si
injustement faits, et qui retomberont, comme
ils le doivent, sur les intrigans, les ambitieux,
les égoïstes, les pervers, qui, en usurpant son
nom, n'ont jamais fait autre chose que souiller
et trahir sa sainte cause.

Concluons finalement que la révolution et
la liberté, quand elles ne sont pas poussées
jusqu'à leurs dernières conséquences, sont les
pires des maux, puisqu'alors elles ne font que
couvrir d'un manteau révéré les sentimens les
plus bas et les plus lâches du cœur humain,
l'amour du pouvoir et de l'argent, l'hypocrisie
toujours prête à feindre et à tromper pour dominer et opprimer, la peur de toute passion

grande, noble, généreuse, le besoin de tromper sans cesse les hommes, de les corrompre, de les démoraliser, de les marquer au front du sceau de l'esclavage et de l'infamie; mais que la révolution, au contraire, telle que je l'ai montrée dans cet écrit, terminée, complète, efficace, populaire, sociale, en réalisant la vraie liberté, pourra seule réaliser ce que les hommes conçoivent de plus désirable, de plus parfait, ce qu'ils ont décoré du nom de *règne de Dieu* en ce monde.

FIN.